I0490880

O Guia Completo para se Tornar um Assistente Virtual de Sucesso

Este livro foi criado com a ajuda da Inteligência Artificial e de especialistas na área de assistência virtual. Todas as informações contidas neste livro foram cuidadosamente pesquisadas e revisadas para fornecer o melhor guia possível para se tornar um assistente virtual bem-sucedido.

No entanto, gostaríamos de enfatizar que este livro é apenas para fins de entretenimento e não deve ser considerado um conselho profissional ou jurídico. Os leitores devem fazer sua própria pesquisa e buscar aconselhamento profissional antes de tomar decisões com base nas informações apresentadas neste livro.

O que é um assistente virtual?

Nos dias de hoje, com o avanço constante da tecnologia e a crescente demanda por serviços on-line, o papel do assistente virtual tem se tornado cada vez mais importante. Mas, afinal, o que é um assistente virtual?

De forma simples e direta, um assistente virtual é um profissional que oferece suporte administrativo, gerenciamento de projetos, marketing digital, atendimento ao cliente, entre outras tarefas, de forma remota, ou seja, sem a necessidade de estar fisicamente presente no escritório do cliente.

Os assistentes virtuais podem trabalhar com diferentes tipos de clientes, desde empresas e empresários individuais até profissionais liberais e influenciadores digitais. Eles são especialistas em suas áreas de atuação e utilizam diversas ferramentas e tecnologias para desempenhar suas funções com eficiência e qualidade.

Mas ser um assistente virtual não se resume apenas a ser um bom profissional com habilidades técnicas. É preciso ter uma série de outras características e competências para se destacar nessa área e obter sucesso.

Primeiro, é fundamental ter habilidades de comunicação excelentes, tanto verbal quanto escrita, já que a maior parte da comunicação com os clientes será feita por meio de e-mails, mensagens de texto e chamadas de vídeo.

Além disso, é preciso ter a capacidade de gerenciar o tempo de forma eficiente, priorizando as tarefas mais importantes e garantindo que todos os prazos sejam cumpridos.

Outra característica importante é a proatividade. O assistente virtual deve ser capaz de identificar oportunidades de melhoria e oferecer soluções para os problemas dos clientes, buscando sempre agregar valor ao trabalho realizado.

Por fim, é essencial ter um alto grau de organização e disciplina, já que trabalhar de forma remota pode ser desafiador para algumas pessoas. O assistente virtual deve ser capaz de manter um ambiente de trabalho produtivo e livre de distrações, garantindo que todas as tarefas sejam concluídas de forma eficiente.

Em resumo, ser um assistente virtual significa ser um profissional altamente qualificado e capaz de trabalhar de forma independente, oferecendo suporte administrativo e outras tarefas remotamente para uma variedade de clientes. É uma carreira que exige habilidades técnicas, mas também habilidades sociais e emocionais, bem como um alto grau de disciplina e organização pessoal. Se você está buscando uma carreira desafiadora e gratificante, ser um assistente virtual pode ser a escolha certa para você.

Habilidades necessárias para ser um assistente virtual eficaz

Ser um assistente virtual é uma carreira desafiadora e emocionante que requer uma série de habilidades técnicas e pessoais para se destacar e oferecer um serviço de qualidade aos clientes. Neste capítulo, vamos explorar algumas das habilidades mais importantes para ser um assistente virtual eficaz.

1. Habilidades de comunicação

Como um assistente virtual, você estará em contato com os clientes diariamente por meio de e-mails, mensagens de texto, chamadas de vídeo e outros meios de comunicação digital. Por isso, é importante ter excelentes habilidades de comunicação verbal e escrita. Ser capaz de expressar-se claramente, ouvir ativamente e manter uma comunicação clara e profissional é essencial para estabelecer e manter um relacionamento positivo com os clientes.

2. Habilidades organizacionais

Gerenciar múltiplos projetos e tarefas simultaneamente é uma das principais funções de um assistente virtual. Para fazer isso com eficácia, é necessário ter habilidades organizacionais excelentes. Isso inclui ser capaz de priorizar tarefas, gerenciar o tempo de forma eficiente e manter uma agenda atualizada e organizada.

3. Habilidades técnicas

Como um assistente virtual, você precisará ter habilidades técnicas sólidas, incluindo o uso de ferramentas de produtividade, plataformas de gerenciamento de projetos e software de comunicação. Você também precisará ter habilidades básicas de resolução de problemas para ajudar os clientes a resolver problemas técnicos e fazer ajustes em seu ambiente de trabalho.

4. Habilidades de pesquisa

Os assistentes virtuais frequentemente precisam pesquisar tópicos para ajudar os clientes em seus projetos e negócios. Isso inclui pesquisas de mercado, pesquisas de concorrentes, pesquisas de produtos e serviços e muito mais. Ser capaz de encontrar informações úteis e relevantes é uma habilidade essencial para ser um assistente virtual eficaz.

5. Habilidades interpessoais

Como um assistente virtual, você terá que lidar com clientes de diferentes personalidades e estilos de trabalho. Ser capaz de se adaptar a diferentes estilos de comunicação e trabalhar bem em equipe é uma habilidade fundamental. Além disso, ser capaz de estabelecer confiança e construir relacionamentos sólidos com os clientes é essencial para manter clientes fiéis e satisfeitos.

6. Habilidades de resolução de problemas

Os assistentes virtuais frequentemente têm que resolver problemas e encontrar soluções para problemas de forma independente. Isso pode incluir problemas técnicos, atrasos de entrega ou prazos apertados. Ser capaz de lidar com situações de estresse e encontrar soluções criativas é uma habilidade essencial para ser um assistente virtual eficaz.

Como definir sua especialidade como assistente virtual

Como assistente virtual, é importante definir uma especialidade ou nicho de mercado para se destacar e oferecer serviços mais específicos e direcionados aos clientes. Neste capítulo, vamos explorar como você pode definir sua especialidade como assistente virtual.

1. Identifique suas habilidades e interesses

O primeiro passo para definir sua especialidade é identificar suas habilidades e interesses. Pense sobre as habilidades que você possui e quais áreas de negócio e projetos você é mais apaixonado. Por exemplo, se você é excelente em escrita criativa e gosta de trabalhar com mídias sociais, pode se especializar em gerenciamento de mídias sociais para escritores e blogueiros.

2. Faça pesquisa de mercado

Faça uma pesquisa de mercado para descobrir quais são as necessidades dos clientes e quais especialidades estão em alta demanda. Considere as necessidades do mercado e como você pode atender a essas necessidades com suas habilidades e interesses.

3. Identifique sua concorrência

Identifique quem são seus concorrentes e o que eles estão oferecendo aos clientes. Verifique as especialidades e serviços que eles oferecem e considere como você pode se destacar e oferecer algo único e valioso para seus clientes.

4. Considere sua experiência e habilidades anteriores

Considere sua experiência anterior e habilidades em trabalhos anteriores e veja como você pode aplicá-las na sua especialidade como assistente virtual. Por exemplo, se você trabalhou em vendas e marketing antes, pode se especializar em marketing digital e oferecer serviços de marketing para pequenas empresas.

5. Teste diferentes especialidades

Considere testar diferentes especialidades para descobrir qual delas funciona melhor para você e seus clientes. Experimente diferentes serviços e veja quais recebem mais demanda e feedback positivo dos clientes.

6. Aperfeiçoe suas habilidades

Após escolher sua especialidade, é importante aperfeiçoar suas habilidades e se tornar um especialista nessa área. Considere investir em treinamentos e certificações para se tornar um especialista em sua área de atuação.

Definir sua especialidade como assistente virtual pode levar tempo e esforço, mas pode ser muito recompensador. Ao escolher uma especialidade, você pode se tornar um especialista em uma área específica, estabelecer-se como um profissional altamente procurado e oferecer serviços de alta qualidade e direcionados aos clientes. Lembre-se de pesquisar o mercado, identificar sua concorrência, considerar suas habilidades e interesses e experimentar diferentes especialidades para encontrar a melhor para você e seus clientes.

Como criar um perfil de assistente virtual atraente

Como assistente virtual, é importante criar um perfil atraente que mostre suas habilidades, experiência e personalidade para potenciais clientes. Neste capítulo, vamos explorar como você pode criar um perfil de assistente virtual atraente e eficaz.

1. Escolha uma plataforma de perfil

Existem várias plataformas onde você pode criar um perfil de assistente virtual, incluindo LinkedIn, Upwork, Fiverr, entre outras. Escolha uma plataforma que seja relevante para sua especialidade e onde seus clientes em potencial provavelmente estejam.

2. Adicione uma foto de perfil profissional

Adicione uma foto de perfil profissional que mostre sua personalidade e transmita confiança. Certifique-se de usar uma imagem clara e de alta qualidade.

3. Destaque suas habilidades e especialidade

Destaque suas habilidades e especialidade na seção de resumo de seu perfil. Certifique-se de explicar claramente o que você oferece e como você pode ajudar os clientes em potencial a atingir seus objetivos.

4. Liste sua experiência relevante

Liste sua experiência relevante em trabalhos anteriores, incluindo trabalhos como assistente virtual, bem como outras experiências relevantes que possam ser aplicadas em sua especialidade atual.

5. Adicione depoimentos e recomendações

Adicione depoimentos e recomendações de clientes anteriores para mostrar credibilidade e evidências de seu trabalho de qualidade. Certifique-se de pedir permissão antes de adicionar depoimentos ao seu perfil.

6. Liste suas habilidades técnicas

Liste suas habilidades técnicas, incluindo ferramentas e tecnologias que você usa em sua especialidade. Isso ajuda os clientes a entenderem quais são suas habilidades e como você pode ajudá-los.

7. Mostre sua personalidade

Mostre sua personalidade em seu perfil, usando uma linguagem amigável e acessível. Isso ajuda os clientes a sentir que estão lidando com uma pessoa real e faz com que seja mais fácil construir uma conexão com eles.

8. Mantenha seu perfil atualizado

Mantenha seu perfil atualizado com informações relevantes e recentes. Certifique-se de revisar seu perfil regularmente para garantir que as informações estejam atualizadas e precisas.

Criar um perfil de assistente virtual atraente é fundamental para atrair clientes em potencial e estabelecer-se como um profissional de confiança e eficaz. Certifique-se de destacar suas habilidades e especialidade, listar sua experiência relevante, adicionar depoimentos e recomendações, listar suas habilidades técnicas e mostrar sua personalidade em seu perfil. Mantenha seu perfil atualizado e revise-o regularmente para garantir que as informações estejam sempre atualizadas e precisas.

Como encontrar clientes como assistente virtual

Encontrar clientes é uma parte crucial do sucesso como assistente virtual. Neste capítulo, vamos explorar algumas estratégias que você pode usar para encontrar clientes como assistente virtual.

1. Redes sociais

As redes sociais são uma ótima maneira de encontrar clientes em potencial. Certifique-se de ter perfis profissionais em plataformas como LinkedIn, Facebook e Twitter e compartilhe conteúdo relacionado à sua especialidade para atrair a atenção dos clientes em potencial. Considere também participar de grupos e fóruns online relacionados à sua especialidade, onde você pode compartilhar seu conhecimento e se conectar com outros profissionais em sua área.

2. Sites de freelancers

Os sites de freelancers, como Upwork e Fiverr, são uma ótima maneira de encontrar clientes em potencial em todo o mundo. Certifique-se de criar um perfil atraente e claro que destaque suas habilidades e especialidade. Além disso, você pode se candidatar a trabalhos que se encaixem em sua especialidade e experiência.

3. Marketing por e-mail

O marketing por e-mail é uma estratégia eficaz para atrair clientes em potencial. Crie uma lista de e-mails de clientes em potencial e envie newsletters e e-mails personalizados que destaquem seus serviços e habilidades. Certifique-se de manter sua lista de e-mails atualizada e em conformidade com as leis de privacidade e proteção de dados.

4. Marketing de conteúdo

O marketing de conteúdo é uma maneira eficaz de atrair clientes em potencial e estabelecer-se como um especialista em sua área. Crie conteúdo relevante e de alta qualidade, como blogs, artigos e vídeos, que sejam úteis e interessantes para seus clientes em potencial. Compartilhe seu conteúdo em redes sociais e outras plataformas relevantes para sua especialidade.

5. Indicações

As indicações são uma das formas mais poderosas de encontrar clientes em potencial. Certifique-se de oferecer um excelente serviço aos seus clientes atuais e peça que indiquem seus serviços a amigos, familiares e colegas que possam estar procurando por um assistente virtual.

6. Parcerias com outros profissionais

Considere fazer parcerias com outros profissionais em sua área que possam ter clientes em potencial que possam se beneficiar de seus serviços. Por exemplo, se você é especializado em gerenciamento de mídias sociais, pode fazer parceria com um designer gráfico que possa fornecer imagens para suas postagens.

Encontrar clientes como assistente virtual pode ser um desafio, mas usando essas estratégias, você pode encontrar clientes em potencial e estabelecer-se como um profissional de confiança e eficaz em sua área de atuação. Use as redes sociais, sites de freelancers, marketing por e-mail, marketing de conteúdo, indicações e parcerias com outros profissionais para encontrar clientes em potencial e crescer seu negócio como assistente virtual.

Como estabelecer preços para seus serviços como assistente virtual

Estabelecer preços justos e adequados para seus serviços como assistente virtual é crucial para o sucesso de seu negócio. Neste capítulo, vamos explorar algumas estratégias para ajudá-lo a estabelecer preços justos e lucrativos para seus serviços como assistente virtual.

1. Considere seus custos

O primeiro passo para estabelecer preços justos para seus serviços como assistente virtual é considerar seus custos. Isso inclui não apenas seus custos operacionais, como software e equipamentos, mas também seus custos pessoais, como aluguel, alimentação e transporte. Certifique-se de incluir uma margem de lucro em seu preço para garantir que você possa cobrir seus custos e obter um lucro adequado.

2. Considere sua especialidade

O preço que você cobra também deve refletir sua especialidade. Se você é especializado em uma área que requer habilidades técnicas avançadas ou experiência especializada, deve cobrar mais do que se você oferecer serviços mais gerais.

3. Considere a concorrência

Verifique os preços cobrados por outros assistentes virtuais que oferecem serviços semelhantes aos seus. Isso lhe dará uma ideia do que é razoável cobrar em sua área. No entanto, não se baseie apenas no preço da concorrência, pois você deve levar em consideração seus próprios custos e habilidades.

4. Ofereça pacotes de serviços

Oferecer pacotes de serviços pode ajudar a tornar seus preços mais atraentes para os clientes. Ao agrupar seus serviços em pacotes, você pode oferecer preços mais acessíveis e atraentes, enquanto ainda mantém sua rentabilidade.

5. Considere cobrar por hora ou por projeto

Existem duas opções principais para cobrança de preços como assistente virtual: por hora ou por projeto. Cobrar por hora é uma maneira mais tradicional de cobrar e permite uma maior flexibilidade para os clientes. Já a cobrança por projeto pode ajudar a definir expectativas claras e oferecer um preço final aos clientes, mas requer um planejamento cuidadoso para garantir que você cobre todas as despesas.

6. Ajuste seus preços ao longo do tempo

Não tenha medo de ajustar seus preços ao longo do tempo. À medida que sua experiência e habilidades crescem, é justo aumentar seus preços para refletir o valor que você oferece aos clientes. No entanto, certifique-se de comunicar claramente quaisquer mudanças nos preços aos clientes em potencial e existentes.

Estabelecer preços justos e lucrativos para seus serviços como assistente virtual é fundamental para o sucesso de seu negócio. Considere seus custos, especialidade, concorrência e opções de preços, como pacotes de serviços e cobrança por hora ou projeto. Ajuste seus preços ao longo do tempo à medida que você adquire mais experiência e habilidades. Ao estabelecer preços justos e lucrativos, você pode oferecer serviços de alta qualidade e estabelecer-se como um assistente virtual de sucesso.

Como construir relacionamentos duradouros com seus clientes

Construir relacionamentos duradouros com seus clientes é fundamental para o sucesso de seu negócio como assistente virtual. Neste capítulo, vamos explorar algumas estratégias que você pode usar para construir relacionamentos fortes e duradouros com seus clientes.

1. Comunique-se com seus clientes regularmente

Manter uma comunicação regular com seus clientes é crucial para construir relacionamentos duradouros. Certifique-se de manter seus clientes atualizados sobre o progresso dos projetos, responder a perguntas prontamente e fornecer atualizações regulares sobre seus serviços.

2. Ofereça serviços excepcionais

Oferecer serviços excepcionais é uma maneira de garantir que seus clientes voltem para você e se tornem clientes leais. Certifique-se de oferecer serviços de alta qualidade, atendimento ao cliente excepcional e sempre cumprir com os prazos.

3. Ofereça serviços personalizados

Oferecer serviços personalizados e adaptados às necessidades específicas de seus clientes é uma maneira de estabelecer uma relação de confiança e duradoura. Certifique-se de ouvir atentamente as necessidades de seus clientes e ajustar seus serviços para atender às suas necessidades exclusivas.

4. Crie conexões pessoais

Crie conexões pessoais com seus clientes, aprendendo sobre suas vidas pessoais e interesses. Isso pode ajudá-lo a entender melhor seus clientes e construir relacionamentos mais fortes com eles.

5. Ofereça brindes e ofertas especiais

Oferecer brindes e ofertas especiais para seus clientes é uma maneira de mostrar sua apreciação e incentivar a lealdade. Ofereça brindes exclusivos, como materiais promocionais personalizados ou serviços adicionais gratuitos, para clientes que utilizam seus serviços por um período prolongado de tempo.

6. Solicite feedback e melhorias

Solicitar feedback regularmente e implementar melhorias com base nesse feedback é uma maneira de mostrar aos seus clientes que você valoriza sua opinião e se preocupa com suas necessidades. Certifique-se de ouvir atentamente o feedback e implementar as melhorias sugeridas sempre que possível.

Construir relacionamentos duradouros com seus clientes é uma parte crucial do sucesso como assistente virtual. Comunique-se regularmente com seus clientes, ofereça serviços excepcionais e personalizados, crie conexões pessoais, ofereça brindes e ofertas especiais, e solicite feedback e melhorias para mostrar que você valoriza seus clientes e está sempre buscando maneiras de melhorar seus serviços. Ao construir relacionamentos duradouros, você pode garantir a fidelidade dos clientes e o sucesso de seu negócio como assistente virtual.

Como gerenciar seu tempo como assistente virtual

Gerenciar seu tempo como assistente virtual pode ser um desafio, especialmente quando você está lidando com vários clientes e projetos simultaneamente. Neste capítulo, vamos explorar algumas estratégias que você pode usar para gerenciar seu tempo efetivamente como assistente virtual.

1. Priorize suas tarefas

Priorizar suas tarefas é uma maneira de garantir que você está focando suas energias nas tarefas mais importantes e urgentes. Liste todas as suas tarefas diárias e determine quais são as mais importantes e urgentes. Certifique-se de completar essas tarefas primeiro antes de se dedicar a tarefas menos importantes.

2. Estabeleça metas e prazos

Estabelecer metas e prazos para cada projeto pode ajudá-lo a gerenciar seu tempo de forma mais eficaz. Certifique-se de definir metas realistas e estabelecer prazos claros para cada projeto. Isso ajudará a mantê-lo motivado e garantir que você esteja sempre trabalhando em direção a um objetivo específico.

3. Use ferramentas de gerenciamento de tempo

Existem muitas ferramentas de gerenciamento de tempo disponíveis para assistentes virtuais, incluindo aplicativos e softwares que podem ajudá-lo a acompanhar suas tarefas e prazos. Considere usar ferramentas como o Trello, Asana ou Google Agenda para ajudá-lo a gerenciar seu tempo com eficácia.

4. Defina limites de tempo

Definir limites de tempo para cada tarefa pode ajudá-lo a evitar o desperdício de tempo em tarefas não produtivas. Certifique-se de estabelecer limites de tempo realistas para cada tarefa e trabalhe dentro desses limites para manter-se produtivo e focado.

5. Elimine distrações

Eliminar distrações é uma maneira de garantir que você está usando seu tempo de forma eficaz. Desative as notificações do celular e redes sociais durante o tempo de trabalho, e reserve um tempo específico para verificar e-mails e mensagens. Isso ajudará a minimizar as distrações e garantir que você esteja se concentrando em suas tarefas mais importantes.

6. Tire intervalos regulares

Tirar intervalos regulares é uma maneira de evitar a fadiga mental e física e manter-se produtivo durante todo o dia. Certifique-se de reservar tempo para intervalos regulares e aproveite-os para relaxar, meditar ou simplesmente sair para caminhar e tomar um ar fresco.

Gerenciar seu tempo como assistente virtual pode ser um desafio, mas usando essas estratégias, você pode gerenciar seu tempo efetivamente e aumentar sua produtividade. Priorize suas tarefas, estabeleça metas e prazos, use ferramentas de gerenciamento de tempo, defina limites de tempo, elimine distrações e tire intervalos regulares para manter-se produtivo e focado. Ao gerenciar seu tempo de forma eficaz, você pode fornecer serviços de alta qualidade aos seus clientes e estabelecer-se como um assistente virtual bem-sucedido.

Como lidar com vários clientes como assistente virtual

Lidar com vários clientes como assistente virtual pode ser um desafio, mas com as estratégias corretas, é possível gerenciar múltiplos projetos com eficácia. Neste capítulo, vamos explorar algumas estratégias para ajudá-lo a lidar com vários clientes como assistente virtual.

1. Comunique-se claramente com seus clientes

Comunicar-se claramente com seus clientes é crucial para garantir que você entenda suas necessidades e expectativas. Certifique-se de comunicar claramente os prazos, o andamento dos projetos e quaisquer outras informações relevantes. Use ferramentas de comunicação eficazes, como e-mail e videoconferência, para manter-se conectado com seus clientes e garantir que você esteja sempre na mesma página.

2. Estabeleça expectativas claras

Estabelecer expectativas claras com seus clientes é importante para garantir que você possa cumprir suas obrigações e evitar conflitos. Certifique-se de estabelecer prazos realistas para cada projeto e comunicar claramente suas políticas de cancelamento e devolução. Isso ajudará a garantir que você e seus clientes estejam sempre na mesma página e possam evitar problemas potenciais.

3. Use ferramentas de gerenciamento de projetos

Usar ferramentas de gerenciamento de projetos, como o Trello, Asana ou Basecamp, pode ajudá-lo a gerenciar seus projetos e clientes de forma mais eficaz. Essas ferramentas permitem que você crie listas de tarefas, estabeleça prazos e comunique-se com seus clientes de forma centralizada, o que pode ajudá-lo a economizar tempo e evitar a confusão.

4. Defina limites realistas

Definir limites realistas para o número de clientes e projetos que você pode gerenciar simultaneamente é importante para evitar a sobrecarga. Certifique-se de levar em consideração seus outros compromissos e estabeleça limites realistas para o número de projetos que você pode gerenciar de forma eficaz.

5. Priorize seus projetos

Priorizar seus projetos é importante para garantir que você esteja concentrando suas energias nos projetos mais importantes e urgentes. Liste todas as suas tarefas diárias e determine quais são as mais importantes e urgentes. Certifique-se de completar essas tarefas primeiro antes de se dedicar a projetos menos importantes.

6. Contrate ajuda

Contratar ajuda adicional pode ser uma opção viável se você está lidando com muitos projetos ou clientes simultaneamente. Considere contratar um assistente virtual adicional ou terceirizar certas tarefas para ajudá-lo a lidar com a sobrecarga.

Lidar com vários clientes como assistente virtual pode ser desafiador, mas com a comunicação eficaz, estabelecimento de expectativas claras, uso de ferramentas de gerenciamento de projetos, estabelecimento de limites realistas, priorização de projetos e contratação de ajuda adicional, é possível gerenciar vários projetos com eficácia.

Como trabalhar em equipe como assistente virtual

Trabalhar em equipe como assistente virtual pode ser desafiador, especialmente se você está trabalhando com colegas remotos ou clientes externos. No entanto, com as estratégias corretas, é possível colaborar com eficácia e alcançar resultados bem-sucedidos. Neste capítulo, vamos explorar algumas estratégias para ajudá-lo a trabalhar em equipe como assistente virtual.

1. Comunique-se regularmente

Comunicar-se regularmente com seus colegas é crucial para garantir que todos estejam na mesma página e que as tarefas sejam concluídas de maneira eficaz. Certifique-se de usar ferramentas de comunicação eficazes, como o Skype, Slack ou Zoom, para se conectar regularmente com seus colegas e clientes. Isso ajudará a garantir que você esteja sempre atualizado sobre o progresso dos projetos e possa colaborar com eficácia.

2. Estabeleça papéis e responsabilidades claras

Estabelecer papéis e responsabilidades claras é importante para garantir que todos saibam exatamente o que se espera deles e possam colaborar de forma eficaz. Certifique-se de estabelecer claramente quem é responsável por cada tarefa e como as tarefas se encaixam no contexto geral do projeto.

3. Adote uma cultura de colaboração

Adotar uma cultura de colaboração é importante para garantir que todos se sintam valorizados e apoiados na equipe. Certifique-se de incentivar a colaboração e a troca de ideias, e esteja aberto a feedback e sugestões de seus colegas. Isso pode ajudar a promover um ambiente de trabalho mais positivo e produtivo.

4. Use ferramentas de colaboração

Usar ferramentas de colaboração, como o Google Drive ou o Dropbox, pode ajudá-lo a compartilhar arquivos e trabalhar em conjunto de forma mais eficaz. Certifique-se de usar essas ferramentas para compartilhar arquivos e colaborar em tempo real em projetos conjuntos.

5. Estabeleça um calendário compartilhado

Estabelecer um calendário compartilhado pode ajudá-lo a manter-se organizado e garantir que todos estejam cientes das tarefas e prazos. Certifique-se de usar um calendário compartilhado para agendar reuniões, definir prazos e compartilhar atualizações importantes.

6. Seja flexível

Ser flexível é importante para garantir que você possa se adaptar a mudanças no projeto ou na equipe. Esteja aberto a novas ideias e esteja disposto a trabalhar em tarefas que possam estar fora de sua área de especialização. Isso pode ajudar a promover um ambiente de trabalho mais colaborativo e bem-sucedido.

Trabalhar em equipe como assistente virtual pode ser desafiador, mas com a comunicação regular, estabelecimento de papéis e responsabilidades claras, adoção de uma cultura de colaboração, uso de ferramentas de colaboração, estabelecimento de um calendário compartilhado e sendo flexível, é possível colaborar com eficácia e alcançar resultados bem-sucedidos.

Como manter a comunicação clara e profissional com seus clientes

Manter a comunicação clara e profissional com seus clientes é crucial para garantir que você possa entender suas necessidades e expectativas e fornecer serviços de alta qualidade. Neste capítulo, vamos explorar algumas estratégias para ajudá-lo a manter a comunicação clara e profissional com seus clientes.

1. Use uma linguagem clara e concisa

Usar uma linguagem clara e concisa é importante para garantir que seus clientes possam entender suas mensagens com facilidade. Certifique-se de usar uma linguagem simples e evite jargões técnicos que possam confundir seus clientes.

2. Esteja sempre disponível

Estar sempre disponível é crucial para garantir que você possa responder rapidamente às perguntas e preocupações de seus clientes. Certifique-se de responder a e-mails e mensagens de forma oportuna e mantenha-se disponível para videoconferências e chamadas telefônicas.

3. Seja proativo

Ser proativo é importante para garantir que você possa antecipar as necessidades de seus clientes e fornecer soluções eficazes. Certifique-se de estar sempre à frente e estar pronto para oferecer soluções aos seus clientes antes mesmo que eles percebam que precisam delas.

4. Comunique-se com frequência

Comunicar-se com frequência é crucial para garantir que seus clientes estejam cientes do progresso dos projetos e quaisquer atualizações importantes. Certifique-se de fornecer atualizações regulares por meio de e-mails, videoconferências ou relatórios de status.

5. Seja profissional

Ser profissional é importante para manter uma boa relação com seus clientes e garantir que você seja respeitado como um profissional de negócios. Certifique-se de usar uma linguagem apropriada e manter uma comunicação profissional em todas as interações com seus clientes.

6. Mantenha registros detalhados

Manter registros detalhados é importante para garantir que você possa acompanhar as comunicações com seus clientes e garantir que todas as informações importantes sejam registradas. Certifique-se de manter registros detalhados de todas as interações com seus clientes, incluindo e-mails, mensagens, videoconferências e chamadas telefônicas.

Manter a comunicação clara e profissional com seus clientes é crucial para garantir que você possa fornecer serviços de alta qualidade e estabelecer-se como um profissional confiável no mercado. Ao usar uma linguagem clara e concisa, estar sempre disponível, ser proativo, comunicar-se com frequência, ser profissional e manter registros detalhados, você pode manter uma boa relação com seus clientes e garantir que eles estejam satisfeitos com seus serviços.

Como lidar com situações difíceis como assistente virtual

Lidar com situações difíceis é uma parte inevitável de ser um assistente virtual. No entanto, com as estratégias corretas, é possível enfrentar essas situações de maneira eficaz e garantir que seus clientes estejam satisfeitos. Neste capítulo, vamos explorar algumas estratégias para ajudá-lo a lidar com situações difíceis como assistente virtual.

1. Mantenha a calma

Manter a calma é crucial para lidar com situações difíceis de forma eficaz. Certifique-se de manter a calma e evitar reagir com emoção ou defensivamente. Em vez disso, tente manter a perspectiva e abordar a situação com uma mente aberta.

2. Ouça atentamente

Ouvir atentamente é importante para entender as preocupações de seus clientes e garantir que você possa fornecer soluções eficazes. Certifique-se de ouvir atentamente as preocupações de seus clientes e fazer perguntas claras para entender completamente a situação.

3. Seja empático

Ser empático é importante para garantir que seus clientes se sintam valorizados e ouvidos. Certifique-se de demonstrar empatia e compreensão em relação às preocupações de seus clientes e tente encontrar soluções que atendam às suas necessidades.

4. Ofereça soluções

Oferecer soluções é importante para garantir que você possa resolver a situação de maneira eficaz. Certifique-se de oferecer soluções que atendam às necessidades de seus clientes e trabalhe em conjunto com eles para encontrar uma solução que funcione para todos.

5. Seja transparente

Ser transparente é importante para garantir que seus clientes confiem em você e acreditem que você está trabalhando em seu melhor interesse. Certifique-se de ser transparente sobre as etapas que você está tomando para resolver a situação e quaisquer limitações ou desafios que possam existir.

6. Aprenda com a situação

Aprender com a situação é importante para garantir que você possa evitar problemas semelhantes no futuro. Certifique-se de analisar cuidadosamente a situação e considerar o que você pode fazer de forma diferente no futuro para evitar problemas semelhantes.

Lidar com situações difíceis como assistente virtual pode ser desafiador, mas com a calma, atenção, empatia, soluções, transparência e aprendizagem, é possível enfrentar essas situações de maneira eficaz. Ao lidar com situações difíceis de forma eficaz, você pode garantir que seus clientes estejam satisfeitos e estabelecer-se como um profissional confiável e de sucesso no mercado.

Como lidar com clientes insatisfeitos como assistente virtual

Lidar com clientes insatisfeitos é uma das situações mais desafiadoras que um assistente virtual pode enfrentar. No entanto, com as estratégias corretas, é possível lidar com esses clientes de maneira eficaz e garantir que eles fiquem satisfeitos. Neste capítulo, vamos explorar algumas estratégias para ajudá-lo a lidar com clientes insatisfeitos como assistente virtual.

1. Ouça atentamente as preocupações do cliente

Ouvir atentamente as preocupações do cliente é importante para entender a fonte de sua insatisfação. Certifique-se de permitir que o cliente explique suas preocupações completamente e faça perguntas claras para garantir que você entenda a situação completamente.

2. Demonstre empatia e compreensão

Demonstrar empatia e compreensão é importante para garantir que o cliente sinta que suas preocupações são valorizadas. Certifique-se de reconhecer a frustração do cliente e demonstrar que você entende como ele se sente.

3. Ofereça soluções

Oferecer soluções é importante para resolver a insatisfação do cliente e garantir que ele esteja satisfeito com seus serviços. Certifique-se de oferecer soluções que atendam às necessidades do cliente e trabalhe com ele para encontrar uma solução que funcione para todos.

4. Seja transparente sobre as etapas que você está tomando

Ser transparente sobre as etapas que você está tomando para resolver a situação é importante para garantir que o cliente confie em você e saiba que você está trabalhando em seu melhor interesse. Certifique-se de explicar claramente as etapas que você está tomando para resolver a situação e fornecer atualizações regulares sobre o progresso.

5. Peça feedback e sugestões

Pedir feedback e sugestões é importante para garantir que você possa melhorar seus serviços no futuro e evitar problemas semelhantes. Certifique-se de pedir feedback ao cliente sobre como você pode melhorar seus serviços e considerar suas sugestões para futuros projetos.

6. Aprenda com a situação

Aprender com a situação é importante para garantir que você possa evitar problemas semelhantes no futuro. Certifique-se de analisar cuidadosamente a situação e considerar o que você pode fazer de forma diferente no futuro para evitar problemas semelhantes.

Lidar com clientes insatisfeitos pode ser desafiador, mas com a escuta atenta, empatia e compreensão, oferecimento de soluções, transparência, feedback e aprendizagem, é possível lidar com esses clientes de maneira eficaz. Ao lidar com clientes insatisfeitos de forma eficaz, você pode garantir que eles estejam satisfeitos com seus serviços e estabelecer-se como um profissional confiável e de sucesso no mercado.

Como gerenciar suas finanças como assistente virtual

Gerenciar suas finanças é uma parte essencial de ser um assistente virtual bem-sucedido. No entanto, pode ser desafiador saber por onde começar e como manter suas finanças em ordem. Neste capítulo, vamos explorar algumas estratégias para ajudá-lo a gerenciar suas finanças como assistente virtual.

1. Defina um orçamento

Definir um orçamento é importante para garantir que você saiba quanto dinheiro está entrando e saindo de sua empresa. Certifique-se de definir um orçamento mensal e acompanhar de perto seus gastos para garantir que você não gaste mais do que pode.

2. Faça um plano de negócios

Fazer um plano de negócios é importante para garantir que você saiba quais são seus objetivos financeiros e como alcançá-los. Certifique-se de criar um plano de negócios detalhado que inclua suas metas financeiras, despesas e receitas.

3. Mantenha registros precisos

Manter registros precisos é importante para garantir que você possa acompanhar suas finanças de perto e garantir que você esteja no caminho certo para alcançar seus objetivos financeiros. Certifique-se de manter registros precisos de suas despesas e receitas e manter esses registros atualizados regularmente.

4. Invista em um bom software financeiro

Investir em um bom software financeiro é importante para garantir que você possa acompanhar suas finanças de perto e garantir que você esteja no caminho certo para alcançar seus objetivos financeiros. Certifique-se de escolher um software financeiro que atenda às suas necessidades e que seja fácil de usar.

5. Mantenha uma reserva financeira

Manter uma reserva financeira é importante para garantir que você possa lidar com quaisquer despesas inesperadas que possam surgir. Certifique-se de manter uma reserva financeira que possa cobrir seus gastos por pelo menos três meses.

6. Contrate um contador ou consultor financeiro

Contratar um contador ou consultor financeiro é importante para garantir que você possa gerenciar suas finanças de forma eficaz e evitar problemas fiscais. Certifique-se de contratar um contador ou consultor financeiro experiente que possa fornecer orientação e suporte quando necessário.

Gerenciar suas finanças como assistente virtual pode ser desafiador, mas com o estabelecimento de um orçamento, criação de um plano de negócios, manutenção de registros precisos, investimento em software financeiro, manutenção de uma reserva financeira e contratação de um contador ou consultor financeiro, é possível manter suas finanças em ordem. Ao gerenciar suas finanças de forma eficaz, você pode garantir o sucesso financeiro de sua empresa e estabelecer-se como um profissional confiável e bem-sucedido no mercado.

Como criar contratos e acordos de serviços como assistente virtual

Criar contratos e acordos de serviços é uma parte essencial de ser um assistente virtual bem-sucedido. Esses documentos ajudam a estabelecer expectativas claras e a garantir que ambas as partes estejam cientes dos termos e condições do acordo. Neste capítulo, vamos explorar algumas estratégias para ajudá-lo a criar contratos e acordos de serviços como assistente virtual.

1. Defina os termos e condições

Definir os termos e condições do contrato é importante para garantir que ambas as partes estejam cientes das expectativas e obrigações. Certifique-se de definir claramente os serviços que você irá fornecer, os prazos, as taxas e quaisquer outras condições que sejam relevantes para o acordo.

2. Especifique as responsabilidades de cada parte

Especificar as responsabilidades de cada parte é importante para garantir que ambas as partes saibam o que é esperado delas. Certifique-se de descrever claramente as responsabilidades de ambas as partes no acordo e definir o que acontecerá se uma das partes não cumprir suas responsabilidades.

3. Defina a política de pagamento

Definir a política de pagamento é importante para garantir que ambas as partes saibam como as taxas serão pagas e quaisquer outros detalhes relacionados ao pagamento. Certifique-se de definir claramente a taxa que será cobrada pelos serviços e como será feito o pagamento.

4. Inclua cláusulas de rescisão

Incluir cláusulas de rescisão é importante para garantir que ambas as partes saibam o que acontecerá se o acordo precisar ser encerrado antes do prazo estabelecido. Certifique-se de incluir cláusulas de rescisão que definam quaisquer taxas de rescisão que possam ser aplicáveis e como o encerramento do acordo será gerenciado.

5. Revise o contrato com um advogado

Revisar o contrato com um advogado é importante para garantir que o contrato seja legalmente válido e proteja seus interesses. Certifique-se de revisar o contrato com um advogado experiente que possa fornecer orientação e suporte quando necessário.

6. Garanta que ambas as partes assinem o contrato

Garantir que ambas as partes assinem o contrato é importante para garantir que o acordo seja legalmente vinculativo. Certifique-se de que o contrato seja assinado por ambas as partes e que cada parte receba uma cópia do contrato assinado.

Criar contratos e acordos de serviços como assistente virtual pode ser desafiador, mas com a definição clara de termos e condições, especificação de responsabilidades, definição de política de pagamento, inclusão de cláusulas de rescisão, revisão do contrato com um advogado e garantia de que ambas as partes assinem o contrato, é possível estabelecer um acordo justo e legalmente vinculativo. Ao criar contratos e acordos de serviços eficazes, você pode garantir a satisfação do cliente e estabelecer-se como um profissional confiável e bem-sucedido no mercado.

Como gerenciar projetos como assistente virtual

Gerenciar projetos é uma parte essencial de ser um assistente virtual bem-sucedido. Gerenciar projetos com eficácia ajuda a garantir que você entregue projetos de alta qualidade dentro do prazo e do orçamento. Neste capítulo, vamos explorar algumas estratégias para ajudá-lo a gerenciar projetos como assistente virtual.

1. Defina claramente os objetivos do projeto

Definir claramente os objetivos do projeto é importante para garantir que você esteja trabalhando em direção a um objetivo claro e tangível. Certifique-se de estabelecer metas claras e definir o que deve ser entregue no final do projeto.

2. Estabeleça um plano de projeto

Estabelecer um plano de projeto é importante para garantir que você tenha uma estrutura clara para trabalhar e possa acompanhar o progresso do projeto de perto. Certifique-se de estabelecer um plano que inclua marcos importantes, prazos e responsabilidades.

3. Comunique-se com o cliente regularmente

Comunicar-se com o cliente regularmente é importante para garantir que eles estejam cientes do progresso do projeto e possam fornecer feedback em tempo hábil. Certifique-se de estabelecer uma comunicação regular com o cliente e fornecer atualizações de status regularmente.

4. Gerencie o tempo com eficácia

Gerenciar o tempo com eficácia é importante para garantir que você possa concluir o projeto dentro do prazo estabelecido. Certifique-se de estabelecer prioridades claras, gerenciar o tempo com eficácia e ajustar o plano do projeto conforme necessário.

5. Resolva problemas proativamente

Resolver problemas proativamente é importante para garantir que o projeto possa continuar avançando sem atrasos significativos. Certifique-se de abordar quaisquer problemas ou desafios que surjam o mais rápido possível e encontrar soluções eficazes.

6. Faça uma revisão do projeto

Fazer uma revisão do projeto é importante para garantir que você possa aprender com a experiência e melhorar sua abordagem para projetos futuros. Certifique-se de revisar cuidadosamente o projeto e considerar o que funcionou bem e o que poderia ser melhorado no futuro.

Gerenciar projetos como assistente virtual pode ser desafiador, mas com a definição clara de objetivos, estabelecimento de um plano de projeto, comunicação regular com o cliente, gerenciamento eficaz do tempo, resolução proativa de problemas e revisão do projeto, é possível gerenciar projetos com eficácia e entregar projetos de alta qualidade. Ao gerenciar projetos de forma eficaz, você pode estabelecer-se como um profissional confiável e bem-sucedido no mercado e garantir a satisfação do cliente.

Como lidar com prazos apertados como assistente virtual

Lidar com prazos apertados é uma parte comum do trabalho de um assistente virtual. Muitas vezes, você precisará entregar projetos dentro de prazos muito curtos e, às vezes, com pouca ou nenhuma margem de erro. Neste capítulo, vamos explorar algumas estratégias para ajudá-lo a lidar com prazos apertados como assistente virtual.

1. Priorize suas tarefas

Priorizar suas tarefas é importante para garantir que você esteja focando em tarefas críticas primeiro. Certifique-se de identificar as tarefas mais importantes e urgentes e se concentrar nelas primeiro.

2. Defina um cronograma realista

Definir um cronograma realista é importante para garantir que você possa cumprir o prazo estabelecido. Certifique-se de levar em consideração o tempo necessário para cada tarefa e definir um cronograma realista que leve em conta qualquer tempo adicional que possa ser necessário.

3. Comunique-se com o cliente regularmente

Comunicar-se com o cliente regularmente é importante para garantir que eles estejam cientes do progresso do projeto e possam fornecer feedback em tempo hábil. Certifique-se de estabelecer uma comunicação regular com o cliente e fornecer atualizações de status regularmente.

4. Gerencie o tempo com eficácia

Gerenciar o tempo com eficácia é importante para garantir que você possa concluir o projeto dentro do prazo estabelecido. Certifique-se de estabelecer prioridades claras, gerenciar o tempo com eficácia e ajustar o plano do projeto conforme necessário.

5. Trabalhe com uma equipe eficaz

Trabalhar com uma equipe eficaz pode ajudá-lo a lidar com prazos apertados de forma mais eficaz. Certifique-se de escolher membros da equipe com habilidades complementares e estabelecer um plano claro de comunicação e colaboração.

6. Mantenha a calma e o foco

Manter a calma e o foco é importante para garantir que você possa trabalhar de forma eficaz sob pressão. Certifique-se de gerenciar seu estresse e manter uma abordagem focada e estratégica para lidar com prazos apertados.

Lidar com prazos apertados pode ser desafiador, mas com a priorização de tarefas, definição de um cronograma realista, comunicação regular com o cliente, gerenciamento eficaz do tempo, trabalho com uma equipe eficaz e manutenção da calma e foco, é possível lidar com prazos apertados de forma eficaz e entregar projetos de alta qualidade dentro do prazo estabelecido. Ao lidar com prazos apertados de forma eficaz, você pode estabelecer-se como um profissional confiável e bem-sucedido no mercado e garantir a satisfação do cliente.

Como manter-se atualizado com as últimas tecnologias e ferramentas como assistente virtual

Manter-se atualizado com as últimas tecnologias e ferramentas é importante para garantir que você possa fornecer serviços de alta qualidade como assistente virtual. As tecnologias e ferramentas evoluem constantemente e é importante estar ciente das mais recentes tendências para garantir que você esteja trabalhando com as ferramentas mais eficazes. Neste capítulo, vamos explorar algumas estratégias para ajudá-lo a manter-se atualizado com as últimas tecnologias e ferramentas como assistente virtual.

1. Participar de cursos e treinamentos

Participar de cursos e treinamentos é uma ótima maneira de aprender sobre as últimas tecnologias e ferramentas disponíveis para assistentes virtuais. Certifique-se de escolher cursos e treinamentos que sejam relevantes para sua área de atuação e que ofereçam a oportunidade de aprender habilidades práticas.

2. Seguir blogs e sites especializados

Seguir blogs e sites especializados é uma ótima maneira de aprender sobre as últimas tendências e tecnologias. Certifique-se de escolher blogs e sites que sejam relevantes para sua área de atuação e que ofereçam informações práticas que possam ser aplicadas ao seu trabalho.

3. Participar de grupos e fóruns online

Participar de grupos e fóruns online é uma ótima maneira de aprender com outros assistentes virtuais e compartilhar informações. Certifique-se de participar de grupos e fóruns que sejam relevantes para sua área de atuação e que ofereçam a oportunidade de fazer perguntas e receber feedback.

4. Experimentar novas tecnologias e ferramentas

Experimentar novas tecnologias e ferramentas é uma ótima maneira de aprender como elas funcionam e como podem ser aplicadas ao seu trabalho como assistente virtual. Certifique-se de experimentar novas tecnologias e ferramentas regularmente e avaliar se elas podem ser úteis em seu trabalho.

5. Participar de conferências e eventos

Participar de conferências e eventos é uma ótima maneira de aprender com outros profissionais e aprender sobre as últimas tendências e tecnologias. Certifique-se de escolher eventos que sejam relevantes para sua área de atuação e que ofereçam a oportunidade de fazer contatos com outros profissionais.

6. Manter um processo de aprendizagem contínua

Manter um processo de aprendizagem contínua é importante para garantir que você possa manter-se atualizado com as últimas tendências e tecnologias. Certifique-se de estabelecer um processo de aprendizagem contínua que inclua a participação em cursos e treinamentos, seguir blogs e sites especializados, participar de grupos e fóruns online, experimentar novas tecnologias e ferramentas e participar de conferências e eventos.

Como oferecer serviços adicionais aos seus clientes como assistente virtual

Oferecer serviços adicionais aos seus clientes é uma ótima maneira de aumentar sua receita como assistente virtual e estabelecer-se como um profissional valioso. Oferecer serviços adicionais também pode ajudá-lo a criar relacionamentos mais duradouros com seus clientes e aumentar sua satisfação. Neste capítulo, vamos explorar algumas estratégias para ajudá-lo a oferecer serviços adicionais aos seus clientes como assistente virtual.

1. Identifique as necessidades de seus clientes

Identificar as necessidades de seus clientes é importante para determinar quais serviços adicionais eles podem estar interessados. Certifique-se de fazer perguntas e prestar atenção às necessidades de seus clientes para entender suas necessidades e oferecer serviços adicionais relevantes.

2. Ofereça pacotes de serviços

Oferecer pacotes de serviços é uma ótima maneira de fornecer serviços adicionais a seus clientes. Certifique-se de criar pacotes de serviços que sejam atraentes e relevantes para seus clientes e incluam serviços adicionais que possam agregar valor ao seu trabalho.

3. Ofereça serviços especializados

Oferecer serviços especializados é uma ótima maneira de se destacar como assistente virtual. Certifique-se de identificar suas habilidades e experiências únicas e oferecer serviços especializados que sejam relevantes para suas habilidades e experiências.

4. Ofereça serviços de consultoria

Oferecer serviços de consultoria é uma ótima maneira de fornecer suporte e orientação a seus clientes. Certifique-se de identificar áreas nas quais seus clientes possam precisar de suporte e oferecer serviços de consultoria que possam ajudá-los a resolver problemas e tomar decisões informadas.

5. Forneça serviços de treinamento

Forneça serviços de treinamento é uma ótima maneira de ajudar seus clientes a aprender novas habilidades e expandir seus conhecimentos. Certifique-se de identificar áreas nas quais seus clientes possam precisar de suporte e oferecer serviços de treinamento relevantes para suas necessidades.

6. Mantenha-se flexível e adaptável

Manter-se flexível e adaptável é importante para garantir que você possa fornecer serviços adicionais de forma eficaz. Certifique-se de estar aberto a novas ideias e sugestões e ser capaz de se adaptar rapidamente às mudanças nas necessidades de seus clientes.

Oferecer serviços adicionais aos seus clientes é uma ótima maneira de aumentar sua receita como assistente virtual e estabelecer-se como um profissional valioso. Ao identificar as necessidades de seus clientes, oferecer pacotes de serviços, oferecer serviços especializados, fornecer serviços de consultoria, fornecer serviços de treinamento e manter-se flexível e adaptável, você pode oferecer serviços adicionais de forma eficaz e estabelecer-se como um profissional confiável e bem-sucedido no mercado.

Como lidar com a concorrência como assistente virtual

Lidar com a concorrência é uma parte importante de ser um assistente virtual bem-sucedido. Há muitos outros profissionais no mercado que oferecem serviços semelhantes e é importante saber como se destacar e diferenciar-se da concorrência. Neste capítulo, vamos explorar algumas estratégias para ajudá-lo a lidar com a concorrência como assistente virtual.

1. Identifique suas habilidades e pontos fortes

Identificar suas habilidades e pontos fortes é importante para se destacar da concorrência. Certifique-se de identificar as habilidades e experiências únicas que você traz para o mercado e use-as para se diferenciar da concorrência.

2. Ofereça serviços especializados

Oferecer serviços especializados é uma ótima maneira de se destacar da concorrência. Certifique-se de identificar as áreas nas quais você é especializado e oferecer serviços que sejam relevantes para suas habilidades e experiências únicas.

3. Crie um nicho de mercado

Criar um nicho de mercado é uma ótima maneira de se diferenciar da concorrência e estabelecer-se como um profissional valioso. Certifique-se de identificar um nicho de mercado que seja relevante para suas habilidades e experiências únicas e focar seus esforços nessa área.

4. Preste um excelente serviço ao cliente

Prestar um excelente serviço ao cliente é importante para estabelecer-se como um profissional confiável e bem-sucedido no mercado. Certifique-se de prestar um excelente serviço ao cliente, respondendo rapidamente às perguntas dos clientes, fornecendo feedback e mantendo uma comunicação clara e profissional.

5. Mantenha-se atualizado com as últimas tendências

Manter-se atualizado com as últimas tendências é importante para garantir que você esteja oferecendo serviços de alta qualidade e que sejam relevantes para as necessidades de seus clientes. Certifique-se de seguir blogs e sites especializados, participar de grupos e fóruns online e participar de cursos e treinamentos para garantir que você esteja ciente das últimas tendências.

6. Mantenha uma abordagem profissional

Manter uma abordagem profissional é importante para estabelecer-se como um profissional confiável e bem-sucedido no mercado. Certifique-se de manter uma abordagem profissional em todas as suas interações com clientes e concorrentes e manter um alto nível de ética e integridade em seu trabalho.

Lidar com a concorrência é uma parte inevitável de ser um assistente virtual bem-sucedido. Ao identificar suas habilidades e pontos fortes, oferecer serviços especializados, criar um nicho de mercado, prestar um excelente serviço ao cliente, manter-se atualizado com as últimas tendências e manter uma abordagem profissional, você pode se destacar da concorrência e estabelecer-se como um profissional confiável e bem-sucedido no mercado.

Como estabelecer um equilíbrio entre vida pessoal e profissional como assistente virtual

Como assistente virtual, pode ser desafiador estabelecer um equilíbrio saudável entre sua vida pessoal e profissional. Você pode estar trabalhando em casa ou em um ambiente flexível, o que significa que suas tarefas pessoais e profissionais podem se sobrepor. Neste capítulo, vamos explorar algumas estratégias para ajudá-lo a estabelecer um equilíbrio saudável entre sua vida pessoal e profissional como assistente virtual.

1. Defina horários de trabalho específicos

Definir horários de trabalho específicos é uma ótima maneira de estabelecer um equilíbrio saudável entre sua vida pessoal e profissional. Certifique-se de definir horários de trabalho que sejam adequados às suas necessidades pessoais e profissionais e que permitam que você se concentre em suas tarefas durante o horário de trabalho.

2. Estabeleça limites claros

Estabelecer limites claros é importante para garantir que você possa equilibrar suas tarefas pessoais e profissionais. Certifique-se de estabelecer limites claros em relação a quanto tempo você pode trabalhar em um determinado dia, quantas horas você pode trabalhar consecutivamente e quais tarefas pessoais você precisa priorizar.

3. Tenha um espaço de trabalho dedicado

Ter um espaço de trabalho dedicado é importante para estabelecer um equilíbrio saudável entre sua vida pessoal e profissional. Certifique-se de ter um espaço de trabalho que seja livre de distrações e que permita que você se concentre em suas tarefas durante o horário de trabalho.

4. Desconecte-se após o horário de trabalho

Desconectar-se após o horário de trabalho é importante para garantir que você possa se concentrar em suas tarefas pessoais e relaxar. Certifique-se de desconectar-se de seus dispositivos eletrônicos e de suas tarefas de trabalho após o horário de trabalho para permitir que você se concentre em suas tarefas pessoais e descanse adequadamente.

5. Priorize suas tarefas pessoais

Priorizar suas tarefas pessoais é importante para garantir que você possa equilibrar suas tarefas pessoais e profissionais. Certifique-se de priorizar suas tarefas pessoais e reservar tempo suficiente para se concentrar em suas tarefas pessoais e relaxar adequadamente.

6. Planeje com antecedência

Planejar com antecedência é importante para garantir que você possa equilibrar suas tarefas pessoais e profissionais. Certifique-se de planejar com antecedência suas tarefas pessoais e profissionais e estabelecer um cronograma que permita que você equilibre adequadamente suas tarefas.

Como criar um portfólio impressionante como assistente virtual

Um portfólio impressionante é uma ferramenta importante para qualquer assistente virtual que queira se destacar no mercado e atrair clientes em potencial. Um portfólio bem elaborado permite que os clientes vejam seus serviços, habilidades e experiência e avaliem se você é o profissional adequado para suas necessidades. Neste capítulo, vamos explorar algumas estratégias para ajudá-lo a criar um portfólio impressionante como assistente virtual.

1. Identifique seus serviços e habilidades

Identificar seus serviços e habilidades é importante para garantir que seu portfólio seja relevante e atraente para os clientes em potencial. Certifique-se de identificar seus serviços e habilidades únicas e destacá-los em seu portfólio.

2. Use exemplos de trabalho anterior

Usar exemplos de trabalho anterior é uma ótima maneira de demonstrar sua experiência e habilidades como assistente virtual. Certifique-se de incluir exemplos de trabalho anterior em seu portfólio que mostrem como você ajudou clientes anteriores a alcançar seus objetivos.

3. Inclua depoimentos de clientes anteriores

Incluir depoimentos de clientes anteriores é uma ótima maneira de demonstrar sua experiência e habilidades como assistente virtual. Certifique-se de incluir depoimentos de clientes anteriores que atestem sua competência e qualidade de serviço.

4. Destaque seus resultados

Destacar seus resultados é importante para demonstrar como seus serviços podem ajudar os clientes a alcançar seus objetivos. Certifique-se de destacar os resultados que você ajudou clientes anteriores a alcançar em seu portfólio.

5. Use um design atraente

Usar um design atraente é importante para garantir que seu portfólio seja atraente e fácil de navegar. Certifique-se de usar um design limpo e profissional que destaque suas habilidades e experiência.

6. Mantenha seu portfólio atualizado

Manter seu portfólio atualizado é importante para garantir que ele reflita suas habilidades e serviços atuais. Certifique-se de atualizar seu portfólio regularmente com exemplos de trabalho e depoimentos de clientes anteriores mais recentes.

Criar um portfólio impressionante como assistente virtual pode ajudá-lo a se destacar no mercado e atrair clientes em potencial. Ao identificar seus serviços e habilidades, usar exemplos de trabalho anterior, incluir depoimentos de clientes anteriores, destacar seus resultados, usar um design atraente e manter seu portfólio atualizado, você pode criar um portfólio que mostre sua competência e qualidade de serviço e atraia clientes em potencial.

Como obter depoimentos e avaliações de clientes como assistente virtual

Depoimentos e avaliações de clientes são uma parte importante do sucesso como assistente virtual. Eles permitem que outros clientes em potencial avaliem sua experiência, qualidade de serviço e eficácia em ajudar os clientes a alcançar seus objetivos. Neste capítulo, vamos explorar algumas estratégias para ajudá-lo a obter depoimentos e avaliações de clientes como assistente virtual.

1. Peça a seus clientes por depoimentos

Pedir a seus clientes por depoimentos é uma maneira eficaz de obter feedback sobre sua qualidade de serviço. Certifique-se de pedir aos seus clientes por depoimentos e explicar como eles podem ajudar a atrair outros clientes em potencial.

2. Inclua um formulário de avaliação em sua comunicação com o cliente

Incluir um formulário de avaliação em sua comunicação com o cliente é uma ótima maneira de obter feedback sobre sua qualidade de serviço. Certifique-se de incluir um formulário de avaliação em seus e-mails ou mensagens para os clientes e incentivá-los a preenchê-lo.

3. Use as mídias sociais para obter feedback

Usar as mídias sociais para obter feedback é uma ótima maneira de alcançar uma audiência mais ampla e obter depoimentos e avaliações de clientes. Certifique-se de usar as mídias sociais para pedir feedback e incentivá-los a compartilhar suas experiências com seus seguidores.

4. Incentive seus clientes a deixar avaliações em sites de avaliação

Incentivar seus clientes a deixar avaliações em sites de avaliação é uma ótima maneira de obter feedback e avaliações de clientes. Certifique-se de incentivar seus clientes a deixar avaliações em sites de avaliação relevantes para seus serviços e monitorar regularmente esses sites para acompanhar sua reputação online.

5. Ofereça um incentivo para os clientes deixarem avaliações

Oferecer um incentivo para os clientes deixarem avaliações é uma maneira eficaz de incentivá-los a deixar feedback. Certifique-se de oferecer um incentivo que seja relevante para seus serviços e que incentive seus clientes a deixar avaliações positivas.

6. Use depoimentos em seu marketing

Usar depoimentos em seu marketing é uma maneira eficaz de demonstrar sua qualidade de serviço e atrair novos clientes. Certifique-se de usar depoimentos em seu site, mídias sociais e outras formas de marketing para destacar sua competência e habilidades como assistente virtual.

Obter depoimentos e avaliações de clientes é uma parte importante do sucesso como assistente virtual. Ao pedir a seus clientes por depoimentos, incluir um formulário de avaliação em sua comunicação, usar as mídias sociais para obter feedback, incentivar seus clientes a deixar avaliações em sites de avaliação, oferecer um incentivo para os clientes deixarem avaliações e usar depoimentos em seu marketing, você pode obter feedback valioso e demonstrar sua qualidade de serviço para atrair novos clientes.

Como expandir seus serviços como assistente virtual

Expandir seus serviços como assistente virtual é uma maneira de crescer seu negócio e aumentar sua base de clientes. Ao oferecer serviços adicionais e diversificar sua oferta, você pode atrair novos clientes e aumentar sua renda. Neste capítulo, vamos explorar algumas estratégias para ajudá-lo a expandir seus serviços como assistente virtual.

1. Identifique novas áreas de especialização

Identificar novas áreas de especialização é uma maneira de expandir seus serviços como assistente virtual. Certifique-se de avaliar suas habilidades e experiência e identificar áreas adicionais em que você possa oferecer serviços.

2. Ofereça pacotes de serviços

Oferecer pacotes de serviços é uma maneira de expandir seus serviços como assistente virtual. Certifique-se de identificar serviços que possam ser agrupados e oferecer pacotes de serviços que atendam às necessidades específicas dos clientes.

3. Ofereça serviços adicionais

Oferecer serviços adicionais é uma maneira de diversificar sua oferta e expandir seus serviços como assistente virtual. Certifique-se de avaliar as necessidades de seus clientes atuais e potenciais e oferecer serviços adicionais que atendam a essas necessidades.

4. Considere a terceirização de serviços

Considere a terceirização de serviços é uma maneira de expandir seus serviços como assistente virtual. Certifique-se de avaliar seus serviços e identificar áreas em que você possa terceirizar a outros profissionais, mantendo a qualidade e eficiência do serviço.

5. Ofereça serviços de treinamento

Oferecer serviços de treinamento é uma maneira de expandir seus serviços como assistente virtual. Certifique-se de identificar as habilidades e conhecimentos que você pode oferecer em forma de treinamento e desenvolver programas de treinamento personalizados para atender às necessidades de seus clientes.

6. Colabore com outros profissionais

Colaborar com outros profissionais é uma maneira de expandir seus serviços como assistente virtual. Certifique-se de identificar outros profissionais em seu setor que possam complementar seus serviços e desenvolver parcerias para oferecer soluções completas aos seus clientes.

Expandir seus serviços como assistente virtual é uma maneira de crescer seu negócio e aumentar sua base de clientes. Ao identificar novas áreas de especialização, oferecer pacotes de serviços, serviços adicionais, considerar a terceirização de serviços, oferecer serviços de treinamento e colaborar com outros profissionais, você pode diversificar sua oferta e atender às necessidades de uma variedade de clientes.

Como escalar seu negócio de assistência virtual

Escalar seu negócio de assistência virtual é um processo que envolve o crescimento gradual de seus serviços e clientes. Escalar seu negócio pode permitir que você aumente sua renda, expanda sua base de clientes e alcance seus objetivos de longo prazo. Neste capítulo, vamos explorar algumas estratégias para ajudá-lo a escalar seu negócio de assistência virtual.

1. Identifique suas metas e objetivos

Identificar suas metas e objetivos é o primeiro passo para escalar seu negócio de assistência virtual. Certifique-se de definir objetivos específicos e mensuráveis que orientem suas ações e ajudem a monitorar seu progresso.

2. Automatize tarefas repetitivas

Automatizar tarefas repetitivas é uma maneira eficaz de escalar seu negócio de assistência virtual. Certifique-se de identificar as tarefas que podem ser automatizadas e investir em ferramentas e tecnologias que possam ajudá-lo a automatizar essas tarefas.

3. Delegue tarefas

Delegar tarefas é uma maneira de escalar seu negócio de assistência virtual. Certifique-se de identificar as tarefas que podem ser delegadas a outros profissionais e desenvolver parcerias para delegar essas tarefas de forma eficaz.

4. Desenvolva sua equipe

Desenvolver sua equipe é uma maneira de escalar seu negócio de assistência virtual. Certifique-se de investir no treinamento e desenvolvimento de sua equipe para melhorar sua eficiência e desempenho e garantir que eles possam atender às necessidades de seus clientes.

5. Expandir sua base de clientes

Expandir sua base de clientes é uma maneira de escalar seu negócio de assistência virtual. Certifique-se de investir em marketing e promoção para alcançar novos clientes e aumentar sua base de clientes.

6. Avalie seus processos e serviços

Avaliar seus processos e serviços é uma maneira de escalar seu negócio de assistência virtual. Certifique-se de avaliar regularmente seus processos e serviços e identificar áreas em que você pode melhorar a eficiência e a qualidade de seus serviços.

Escalando seu negócio de assistência virtual, você pode aumentar sua renda, expandir sua base de clientes e alcançar seus objetivos de longo prazo. Ao identificar suas metas e objetivos, automatizar tarefas repetitivas, delegar tarefas, desenvolver sua equipe, expandir sua base de clientes e avaliar seus processos e serviços, você pode crescer seu negócio de assistência virtual de forma sustentável e bem-sucedida.

Conclusão

Parabéns! Você concluiu este livro sobre como se tornar um assistente virtual bem-sucedido. Esperamos que você tenha encontrado as informações e dicas úteis para começar ou expandir seu negócio de assistência virtual.

Como você aprendeu neste livro, ser um assistente virtual bem-sucedido requer muitas habilidades e conhecimentos, incluindo habilidades de gerenciamento de tempo, comunicação clara, flexibilidade, e muito mais. Mas, com o treinamento certo, dedicação e esforço, você pode se tornar um assistente virtual de sucesso.

Lembre-se de que o sucesso como assistente virtual não acontece da noite para o dia. É importante ter paciência, perseverança e um plano estratégico para alcançar seus objetivos a longo prazo. Certifique-se de estabelecer metas específicas, monitorar seu progresso e fazer ajustes conforme necessário.

Também é importante lembrar que o sucesso como assistente virtual não depende apenas das habilidades e conhecimentos que você adquiriu. A chave para o sucesso é construir relacionamentos duradouros com seus clientes, oferecer um excelente serviço ao cliente e sempre se esforçar para superar as expectativas.

Como um assistente virtual, você tem a oportunidade de ajudar as pessoas a alcançar seus objetivos e ter sucesso em suas vidas pessoais e profissionais. Você pode ser uma parte importante da equipe de suporte de seus clientes e ajudá-los a enfrentar os desafios do dia-a-dia.

Por fim, queremos agradecer por ler este livro e esperamos que você tenha encontrado informações valiosas e inspiração para começar ou expandir seu negócio de assistência virtual. Desejamos a você todo o sucesso em sua jornada como assistente virtual!

Obrigado por ler este livro sobre como se tornar um assistente virtual bem-sucedido. Esperamos que você tenha encontrado informações valiosas e inspiração para começar ou expandir seu negócio de assistência virtual.

Se você gostou deste livro e achou as informações úteis, ficaríamos muito gratos se você pudesse deixar uma avaliação positiva em nosso site ou plataforma onde você adquiriu este livro. Sua avaliação ajudará outros leitores a descobrir e desfrutar deste livro também.

Mais uma vez, obrigado por ler e esperamos que você possa aplicar as informações e dicas deste livro em sua carreira como assistente virtual. Desejamos a você todo o sucesso em sua jornada!